全国中等职业技术学校饭店服务专业

前厅服务习题册

——与《前厅服务（第三版)》配套

中国劳动社会保障出版社

简介

本习题册与全国中等职业技术学校饭店服务专业《前厅服务（第三版）》配套使用。习题册题型设计多样，包括名词解释、填空题、选择题、判断题、简答题、案例题等，力求充分体现教材的重点和难点，反映学生实际工作中即将面临的具体问题，使学生能够掌握前厅服务的知识和技能，并具有解决实际问题的能力。

本习题册由方宁任主编。

图书在版编目(CIP)数据

前厅服务习题册/方宁主编. —北京：中国劳动社会保障出版社，2016
全国中等职业技术学校饭店服务专业
ISBN 978-7-5167-2630-3

Ⅰ.①前…　Ⅱ.①方…　Ⅲ.①饭店-商业服务-中等专业学校-习题集　Ⅳ.①F719.2-44

中国版本图书馆 CIP 数据核字(2016)第 170033 号

中国劳动社会保障出版社出版发行

（北京市惠新东街 1 号　邮政编码：100029）

*

三河市华骏印务包装有限公司印刷装订　新华书店经销

787 毫米×1092 毫米　16 开本　3.5 印张　82 千字

2016 年 7 月第 1 版　2022 年12月第 8 次印刷

定价：7.00 元

营销中心电话：400-606-6496

出版社网址：http://www.class.com.cn

http://jg.class.com.cn

目　录

第一章 前厅部概述

第一节 前厅部地位与工作任务

一、填空题

1. 前厅部是一切服务的________，是联络饭店前台和后台的纽带。

2. 前厅部的首要任务是__________。

3. 在一个饭店中，除了销售部以外，推销客房的工作主要由前厅部的______和____________负责。

二、选择题

1. 下列哪个选项不属于前厅部的工作任务？（　　）

A. 迎接客人的服务　　B. 销售客房

C. 受理预订　　D. 大堂的卫生清洁

2. （　　）是饭店的神经中枢。

A. 总经理办公室　　B. 客房部

C. 前厅部　　D. 人力资源部

3. 饭店无论规模大小、档次高低，都必须保证 24 小时运转的部门是（　　）。

A. 餐饮部　　B. 娱乐部　　C. 前厅部　　D. 人事部

4. 下列说法不正确的是（　　）。

A. 前厅部以出售纯劳务为主，对人员素质要求高，故一般饭店会选择素质好的女职工担任前厅部工作

B. 前厅部是饭店经营活动中信息最集中的地方

C. 销售客房是前厅部的首要功能和任务

D. 前厅部起着调度整个饭店业务经营的作用

三、判断题

1. 客房是饭店最主要的产品，前厅部通过客房的销售来带动饭店其他部门的经营活动。（　　）

2. 前厅部的工作任务是销售客房，所以客房的价格和优惠政策的制定也由前厅部负责。（　　）

3. 前厅部能收集到有关整个饭店经营管理的各种信息，并对这些信息进行认真的整理和分析，每日或定期向饭店管理机构提供真实反映饭店经营管理情况的数据和报表。（　　）

4. 前厅部的礼宾服务包括在机场、车站接送客人服务，在门口迎宾服务，帮客人搬运行李服务等。（　　）

四、简答题

1. 简述前厅部的地位。

2. 前厅部的主要工作任务有哪些？

第二节　前厅部组织结构

一、填空题

1. 小型饭店里一般不单独设立前厅部，其业务归__________负责。

2. 根据自身规模的需要，有些饭店不单独设立问讯组，而是将问讯组纳入__________中。

3. 前厅接待服务过程中，前厅接待员在做好开房登记的同时，必须做好______的有关工作。

二、选择题

1. 客户投诉处理一般是（　　）的工作职责。

A. 预订处　　B. 接待处　　C. 问讯处　　D. 大堂副理

2. 下列工作内容不属于前厅服务的是（　　）。

A. 根据客人的要求，为其提供与其需求相应的客房

B. 全天 24 小时为客人提供预订服务，及时处理客人的订房要求

C. 及时记录和存储预订资料

D. 做好团队客人的开房工作

3. 饭店各岗位设置的出发点是（　　）。

A. 按需设岗位　　B. 按人设岗位

C. 按工作量多少设岗位　　D. 按工作流程设岗位

4. 管理幅度与管理层次是一种（　　）。

A. 正比关系　　B. 反比关系　　C. 对应关系　　D. 协调关系

三、判断题

1. 接待组员工的工作内容包括帮助客人装卸行李，并请客人清点、检查有无物品遗失。（　　）

2. 为精简机构，很多大中型饭店不单独设立前厅部，其业务归客房部负责。（　　）

3. 前厅部组织结构的设置，主要是根据饭店规模的大小、经营特点及管理方式而定。（　　）

4. 预订组员工的工作内容包括做好客人抵店前客房的布置和准备工作。（　　）

5. 门童在接待乘车抵店的客人时，应面带笑容，右手为客人打开车门，躬身向客人致意，并用左手挡住车门上沿，以免客人碰头。（　　）

6. 为客人提供叫醒服务是客房部的工作内容之一。（　　）

四、简答题

1. 前厅部大堂副理的工作职能是什么？

2. 前厅部各部门主管的工作内容有哪些？

3. 前厅部班组领班的工作内容有哪些？

五、案例题

一位外籍客人罗伯特先生委托本地接待单位为其预订了某大饭店标准间两天。但在总台办理入住手续时，接待员告诉罗伯特先生他的预订只有一天，现在又正值旅游旺季，第二天的标准间难以安排。罗伯特先生听后大怒，强调自己与本地接待单位明确说明要住两天，订房差错的责任肯定在饭店。接待员与客人在总台僵持着。

问题：

（1）接待员应该如何妥善处理此事？

（2）此事件对饭店人员有哪些管理上的启示？

第三节　前厅部员工素质要求

一、填空题

1. 饭店员工上班必须穿工作制服，胸前佩戴__________，以便于识别。

2. 迎面遇见客人，靠____边行，右脚向右前方迈出半步，身体向左边转 30 度鞠躬或点头礼，问候客人。

3. 与客人交谈时，相距____到____厘米。与客人距离太近，容易使客人产生压力感；与客人距离太远，则显得疏远。

二、选择题

1. 前厅员工正确的走姿要领中，下列（　　）项错误。

A. 男士步伐以大为佳

B. 行走时，双臂自由摆动，前后摆幅以 30～35 度为宜

C. 女士穿高跟鞋的走姿与基本走姿相同，不过步幅小些

D. 行走时，上半身要抬头挺胸

2. 前厅员工正确的站姿要领中，下列（　　）项错误。

A. 女士穿旗袍时，用丁字步站姿

B. 男士可两手交叉于背后

C. 丁字步要求收腹挺胸、立腰提臀

D. 丁字步要求双臂自然下垂、手指弯曲、中指紧压裤缝

3. 人们在日常生活中，特别是在交际场合相互表示尊重、祝颂、问候、致意、慰问以及给予必要协助和照料的惯用形式是（　　）。

A. 礼节　　B. 礼貌　　C. 仪表　　D. 礼貌修养

4. 请判断“这会打扰您吗?”是（　　）。

A. 道歉语　　B. 征询语　　C. 婉言推托语　　D. 问候语

5. 在与客人的交往中，饭店服务人员情绪状态的“基调”应该是（　　）。

A. 快乐　　B. 非常兴奋　　C. 安静、沉着　　D. 愉快、明快

三、判断题

1. 前厅工作人员穿着制服时，工装的衬衫扣子应扣紧，下摆扎入裤内。（　　）

2. 女服务员在工作中必须穿黑色丝袜，不准戴任何饰物。（　　）

3. 工牌应佩戴在右胸上方；工牌保持直线水平，不能歪斜。（　　）

4. 饭店女服务员为美观起见，可以化淡妆并佩戴一些自己适合的首饰。（　　）

5. 在为客人指示方向时不可用一个手指为客人指示。（　　）

四、简答题

1. 客人提出的问题，自己不清楚，难以回答时该怎么办？

2. 客人不小心摔倒时该怎么办？

3. 客人正在谈话，我们有急事找他时该怎么办？

4. 前厅部的主管应具备什么样的素质？

五、案例题

晚上十点左右，某饭店前厅接待处有一位客人正在大声地和服务员小陈争论着什么，而小陈好像在坚持什么。经了解，原来客人自称是总经理的朋友，要求小陈给他一间特价房，而小陈却说没有接到过总经理的任何通知，只能给予常客优惠价。对此，客人很不满意，大声地吵起来，说一定要到总经理处投诉她。

问题：

（1）小陈该如何处理此事件？

（2）此事件对饭店人员有哪些管理上的启示？

第二章　客房预订

第一节　客房预订基础知识

一、名词解释

1. 客房预订

2. 标准价

二、填空题

1. 折扣价是饭店向＿＿＿＿＿＿或＿＿＿＿＿或其他有＿＿＿＿＿＿＿＿的客人提供的优惠房价。

2. 单间包括＿＿＿＿＿、＿＿＿＿＿和三人间。

3. ＿＿＿＿＿至少由五个以上房间构成，是饭店最高级、造价最昂贵的客房。它是饭店实力与档次的象征，甚至还是一个城市、一个地区接待能力的体现。

4. ＿＿＿＿＿是饭店为客人提供的一种报价方式，除了房费以外，还包括餐费、交通费、游览费（或其中的某几个项目）等，以方便客人。

三、选择题

1. 客房价格的种类不包括（　　）。

A. 标准价　　B. 团队价　　C. 折扣价　　D. VIP 价

2. 关于客房商品特点的描述，错误的是（　　）。

A. 客房商品的价值具有不可储存性

B. 客房商品在交换过程中所有权不发生转移

C. 客房是世界上易坏性最大的商品

D. 客房商品是不可交换的

四、判断题

1. 按位置分类，客房可分为外景房、内景房、连通房等。（　　）

2. 按等级分类，客房可分为标准间、豪华间等。（　　）

五、简答题

1. 客房预订部的工作任务有哪些？

2. 请简述客房预订的意义。

第二节　客房预订的渠道、方式和种类

一、填空题

1. 尽管客人预订时采取不同的方式，饭店为便于管理通常将各种预订归纳为______________、________________和______________三种类型。

2. 对于饭店而言，____________是最理想的保证类预订方式。

3. __________指客人将所持信用卡种类、号码、失效期及持卡人姓名等以书面形式通知饭店，达到保证性预订目的。

4. 订房合同的主要内容是明确向未按__________抵店入住客人收取房费，同时，还要明确饭店应保证向与之签订合同的公司或旅行社提供所承诺的客房。

5. 传真订房，即当前国际国内较先进的图文传真订房方式，具有________、________、________的特点。

6. 当面订房过程中预订员应该向客人说明所订的房间只能保留到某一时间为止，逾期则自动取消，并且应该要求客人____________。

二、选择题

1. 按预订的方式分类，预订不包括（　　）。

A. 电话预订　　B. 传真预订　　C. 保证性预订　　D. 网络预订

2. 保证类预订的特点不包括（　　）。

A. 饭店在任何情况下必须保证提供客房

B. 客人保证按时入住，否则承担经济责任

C. 可用现金担保

D. 保证性预订容易给饭店带来经济损失

3. 有关当面预订的特点，描述错误的是（　　）。

A. 能当面回答客人的问题　　B. 可通过展示客房来推销

C. 能更详尽地了解客人的需求　　D. 客人的房间能保留的时间更久一些

4. 下列有关网络预订的特点，描述错误的是（　　）。

A. 快捷、便利　　B. 先进但价格昂贵

C. 散客采用较多　　D. 散客可通过图片来选择客房

三、判断题

1. 临时类预订一般房间保留至抵店当日下午 6 点。（　　）

2. 电话预订最准确，不容易出错。（　　）

3. 保证类预订能保证客人的利益但不能保证饭店的利益。（　　）

4. 保证类预订可以用现金、信用卡、合同担保。（　　）

四、简答题

1. 保证类预订包括哪些预订类型？

2. 关于预付定金担保，饭店一般要规定哪些内容？

3. 当面预订的优缺点有哪些？

4. 饭店间接预订渠道包括哪些？

五、案例题

英国客人威廉姆斯提前三天向中国某饭店电话预订了一间高层向阳的标准间。预订日期当天，威廉姆斯到饭店办理入住手续时，接待人员却告诉他向阳房间已经全部出租，问他是否可以更换一间别的房间。威廉姆斯当即表示自己已在3天前做了预订，现在不应该出现这种情况。大堂副理立即向服务员了解情况，原来当天下午4点一位没有预订的散客也要一间高层向阳的标准间，接待员见威廉姆斯还没有到店，以为他不会来了，便把他的房间安排给了这位客人。

问题：

如果你是处理该事件的大堂副理，你会怎么做？

第三节 客房预订的受理程序

一、名词解释

1. 预订变更

2. 客房预订确认函

二、填空题

1. 关于日期的写法，饭店业内规定用统一的写法，以免出现不必要的误会。大部分国家的饭店都是用__________的记录方法，我国经常用的是__________。

2. 婉拒预订时，不能因为交易未成而停止服务。而是应该主动提出若干可供客人参考或选择的建议，或征得客人同意将其列入“__________”中。

3. 预订确认的方式包括__________和__________。

4. 预订资料可以按__________顺序或者__________顺序存放。

三、选择题

1. 判断是否能够受理订房的因素不包括（　　）。
   A. 客人预期抵达的日期　　B. 客人所需客房的种类
   C. 客人所需客房的数量　　D. 客人抵达的航班、车次

2. 散客预订时，客房预订单通常不需要填写（　　）。
   A. 客人姓氏全名　　B. 客人房型、房价、房号
   C. 客人预抵、离店日期　　D. 预订人姓名、联系电话等

3. 下列关于订房保留时限，说法正确的是（　　）。
   A. 临时类订房一般房间保留至抵店当日下午 2 点
   B. 保证类预订房间保留到抵店当日 24 点
   C. 确认类预订房间保留到抵店当日 24 点
   D. 确认类预订房间保留到某一事先声明的时间

4. 关于预订变更的操作要领，说法错误的是（　　）。
   A. 预订员接预订变更通知时，问清客人和联系人姓名、公司、电话号码
   B. 填写“变更通知单”或直接更改原始表格
   C. 更改预订卡条
   D. 更改电脑资料

5. 关于取消预订的操作要领，说法错误的是（　　）。

A. 填写取消单

B. 将预订单抽出，加盖“取消”图章

C. 注明取消申请人和取消原因及取消日期

D. 可在原始订单上涂改

6. 婉拒订房操作时，下列做法错误的是（　　）。

A. 根据书面指令拒绝客人的预订　　B. 道歉后终止服务

C. 建议客人更改房型　　D. 婉拒书面预订时，要向客人发致歉信

7. 确认订房时，（　　）不是确认内容之一。

A. 房价　　B. 预住天数　　C. 房间类型　　D. 房号

8. 预订资料的记录步骤：A 填写订房单；B 在“预订汇总表”上标明房型、间/天数；C 填写预订卡条并按日期顺序放入预订架；D 存放其他预订资料。正确的顺序是（　　）。

A. A B C D　　B. B C D A　　C. D C B A　　D. C A B D

9. 预订确认书的内容不包括（　　）。

A. 重申客人的订房要求

B. 双方就付款方式、房价问题达成的一致意见

C. 声明饭店取消预订的规定

D. 房号

10. 关于受理电话预订的操作要点，下列说法错误的是（　　）。

A. 铃响三声以内接听，“您好！预订组！”

B. 从高价到低价推销客房

C. 记录客人要求后，复述一遍

D. 电话预订最准确，不容易出错

四、判断题

1. 大型团队预订核对的次数和内容要更多、更细致。（　　）
2. 核对预订时，一般在客人抵店前一周做最后一次核对。（　　）
3. 确认订房时，应向客人确认房间类型、房号、房数等。（　　）
4. 预订资料按字母顺序存放，便于掌握某一时期或某一阶段的预订数量。（　　）
5. 预订确认书主要是为了对客人选择本店表示感谢。（　　）
6. 团队预订单的内容包含房号、房型、房间数、抵店日期、离店日期等。（　　）
7. 离店的日期是客人住宿最后一夜的日期。（　　）

五、简答题

1. 电话预订的受理程序是什么？

2. 传真预订的受理程序是什么？

3. 预订确认书的作用有哪些？

六、案例题

4 月 28 日黄小姐打电话到某饭店预订处，要求预订一间 5 月 1 号到 5 月 7 号的标准间，预订员小曹查阅了 5 月 1 日到 5 月 7 日的客房预订情况，表示会为她预留客房。5 月 1 日中午 13 点黄小姐来到饭店前厅，出示证件要求办理入住手续，接待员查阅预订以后表示抱歉："对不起，我刚刚查询过预订单，您没有预订。"黄小姐说："不可能，我明明订了房间！"接待员马上找预订员小曹核对情况，原来预订员小曹一时粗心把"黄"输错为"王"，而正好有一位王小姐入住，接待员以为是预订人，给了她一间标准间，现在标准间已经客满。

问题：

（1）本案例中预订员小曹做错了什么？

（2）如果你是接待员，你会如何妥善处理此事件？

第四节　超额预订及“失约”的预防与处理

一、名词解释

1. 超额预订

2. “失约”

二、填空题

1. 一般情况下，饭店的超额预订比例应控制在____________。

2. 在团体预订多而散客人预订少的情况下，超额预订的比例就要____一些；反之，散客预订多而团体预订少时，则超额预订的比例就要留____一些。

3. 订房情况分析是对住店客人中____________和________________做百分比对比分析。

4. 超额预订在实践上虽然是可以理解的，但是从法律的意义上讲是____________。

5. 发生因过多超额预订而导致客人不能入住的情况时，可安排客人入住进级别更高的饭店，高出的房费由________支付。

三、选择题

1. 有关超额预订的目的，下列说法错误的是（　　）。

A. 提高开房率

B. 充分利用客房

C. 避免客人临时取消预订而带来的经济损失

D. 使每一个客人都有房可住

2. 影响超额预订率的因素不包括（　　）。

A. 无到率　　B. 提前离店率

C. 延迟退房率　　D. 开房率

3. 当发生因过多超额预订而导致保证类预订客人不能入住的情况时，饭店应该采取的措施不包括（　　）。

A. 诚恳地向客人道歉，请求客人的谅解

B. 立即与另一家相同等级的饭店联系，请求援助，并派车免费将客人送至该饭店，房费由客人自付

C. 在客人愿意的情况下，饭店一有空房就接回客人，并表示欢迎

D. 客人回饭店时大堂副理应在大堂迎候客人，并陪同客人办理入住手续

四、判断题

1. 如果能够预计提前离店的房数越多，那么酒店接受超额预订的房间数就应该越多。（　　）

2. 如果住店的客人一贯是提前预订，而不经预订直接住店的客人所占的百分比很小，那么超额预订上的量就要小些，避免客人无房可住。（　　）

五、简答题

1. 应对散客的“失约”可以采取哪些措施？

2. 预防团队“失约”，饭店可以采取哪些措施？

第三章 前台接待

第一节 前台接待准备

一、填空题

1. 前台接待处通常位于饭店的前厅，它的主要任务是负责____________和__________________。

2. 接待客人时，前台员工要面带微笑，眼神亲和地看着客人，目光要柔和地散落在对方的________，忌讳斜视、眯视或长时间盯视。

3. 与不同年龄、身份的客人交谈时，饭店员工应采取不同语气：年长者——尊敬；年轻人——__________；年幼者——__________等。

4. 前台办理散客入住手续应不超过____分钟，用现代高科技前台系统更快。

5. 对预留的房间，接待人员要同客房部保持联系，注意电脑终端客房状况的变化，尽量使待出售房间进入销售状况。特别是对______的房间，要由大堂副理亲自检查。

二、选择题

1. 客人抵店前的准备工作不包括（　　）。

A. 预报客情　　B. 预分排房

C. 实施接待计划　　D. 电话告知客人房号

2. 当客人已经是第二次或多次入住本饭店时，较好的问候方式是（　　）。

A. 您好，欢迎光临！

B. 您好，很高兴您又来了！

C. 好久不见，这次您需要哪间房？

D. 您好，欢迎光临，很高兴又能为您服务！

3. 对于老、弱、伤残和带小孩的客人，一般应安排（　　）。

A. 同一楼层的客房　　B. 安静的客房

C. 离电梯近的客房　　D. 角落房

4. 在为客人办理入住手续的过程中，前厅接待员的交谈技巧不包括（　　）。

A. 称呼客人的姓氏

B. 用客人使用的语言跟客人交流

C. 使用统一的问候语“您好，×先生/女士”

D. 多使用尊称

三、判断题

1. 为客人办理入住接待手续是接待员的工作，所以在接待过程中收银员不应与客人有过多交流。 （　　）

2. 按照“团队接待通知单”的用房要求，填写排房名单，团队用房要尽量安排得相对集中，避免分散带来不便。 （　　）

3. 团队用房应是同类客房中方位、视野、景致、环境、房间保养等方面处于最佳状态的房间，并注意客房的保密与安全。 （　　）

四、简答题

1. 前台接待员应掌握的接待技巧有哪些？

2. 前台接待的准备工作有哪些？

3. 前台接待员要注意对哪些客户信息进行严格保密？

第二节　前台入住登记

一、名词解释

饭店黑名单

二、填空题

1. 对客人的信用验证包括________________和________________。

2. 国家法律对中外客人所规定的登记项目包括：国籍、姓名、出生日期、性别、护照和证件号码；__________________________；职业、停留事由、入境时间和地点及接待单位。

3. 饭店运行和管理所需的登记项目包括：房间号码、每日房价、抵离店时间、结算方式、住址、住客签名、______________、__________________。

4. 饭店预先收取客人的押金数额=房租×（__________）。

5. 团队入住接待过程中将团队接待单或相关服务要求送往有关部门，同时制作团队主账单及个人消费要求分账单，送__________。

6. 重要客人抵店时，由__________（大堂副理或柜台接待员，根据前厅机构与分工确定）到门口迎接客人（必要时请总经理或有关部门经理到门口迎接），致欢迎辞。

三、选择题

1. 关于入住登记制度目的的描述，下列说法错误的是（　　）。
   A. 办理入住登记是遵守国家法律中有关户口管理的规定
   B. 办理入住登记可使饭店获得客人的相关信息
   C. 办理入住登记是客人对所需客房及房价的确认过程
   D. 办理入住登记是获取客人笔迹的途径

2. 客房分配应讲究一定的艺术，下列说法错误的是（　　）。
   A. 要尽量使团队客人住在同一楼层
   B. 对老年人尽量安排离电梯较近的房间
   C. 对所有客人都不要分在 13 楼
   D. 不要把关系不和谐的国家的客人安排在同一楼层或相近的房间

3. 客房分配应按一定的顺序进行，正确的顺序是（　　）。
   A. 团队客人、保证类预订客人、续住客人、散客
   B. 团队客人、贵宾、散客、会议客人
   C. 贵宾、团队客人、散客、预订客人
   D. 贵宾、团队客人、预订客人、续住客人

4. 客人的付款方式不包括（　　）。

A. 现金支付　　B. 信用卡支付

C. 个人支票支付　　D. 挂账支付

5. 办理入住登记时，下列不属于有效证件的是（　　）。

A. 居民身份证　　B. 工作证　　C. 士兵证　　D. 军官证

6. 关于饭店房卡的说法，错误的是（　　）。

A. 饭店内使用的信用卡　　B. 推销、宣传作用

C. 住客身份的凭证　　D. 自动结账功能

7. 关于入住登记程序，说法正确的是（　　）。

A. 分配房间后，要弄清客人有无预订　　B. 住宿登记表一定要客人亲自填写

C. 预订客人入住不须查验证件　　D. 分配房间时，要有针对性地分房

8. 不属于团队客人特点的是（　　）。

A. 人数多　　B. 房间分配集中

C. 客人行动较统一　　D. 用房少

9. 团队抵店前的准备工作中，下列做法错误的是（　　）。

A. 进行预分排房并确认

B. 提前准备团队钥匙卡、欢迎卡、餐券等，并装入信封内

C. 将团队用餐安排提前通知餐饮部或有关餐厅

D. 事先办理好入住登记手续

10. 关于团队客人入住接待程序，不正确的是（　　）。

A. 大堂副理、团队协调员及前厅服务员迎接团队，并将团队引领至团队接待区域

B. 根据团队通知单与领队或陪同核对

C. 填写团队登记表

D. 建立团队总账单，不须再建立分账单

四、判断题

1. 办理入住登记为饭店相应表格、文件的形成提供了可靠依据。（　　）

2. 饭店的房卡是客人结账退还押金的凭证。（　　）

3. 填写住宿登记表时，账单编号必须齐全。（　　）

4. 签证就是护照。（　　）

5. 因为团队客人用房多，所以房间分配分散。（　　）

6. 团队抵店前，要提前准备好团队钥匙卡、欢迎卡、餐券等，并装入信封内。（　　）

五、简答题

1. 散客入住登记的程序是什么？

2. 团队入住登记的程序是什么？

3. VIP 客人入住登记的程序是什么？

六、案例题

某单位与一家饭店签订了比较优惠的合同价。10 月 18 日，该单位的童先生入住了该饭店。由于没有预订，又不能出示该单位的介绍信，也没有带来可以证明童先生是该单位员工的证件，按规定这种情况下童先生是不能享受合同价的。但是童先生表示不能理解。

问题：

如果你是接待员，你应该怎么做？

第三节　商务楼层

一、填空题

1. ＿＿＿＿＿＿是高星级饭店（通常为四星级以上）为了接待高档商务客人等高消费客人，向他们提供特殊的优质服务，而专门设立的楼层。

2. 商务楼层的客房设施比普通客房齐全，如增加传真机、直拨电话、留言电话、电脑等，所以商务楼层的房价要比普通楼层的房价高出＿＿＿＿＿＿＿。

3. 凡住在商务楼层的客人可在＿＿＿＿＿＿享受饭店提供的免费早餐和下午茶的服务。

4. 商务楼层的员工在接待客人时，应在客人的＿＿方引领客人进房间，与客人交谈，看是否能给客人更多的帮助。

二、选择题

1. 下列选项中，不属于商务楼层服务项目的是（　　）。

A. 提供完备的商务设备　　B. 提供早餐服务
C. 提供商务宴请厅　　D. 提供下午茶服务

2. 商务楼层最大的特点是（　　）。

A. 有下午茶服务　　B. 商务设备齐备
C. 房间特别豪华　　D. 直接到楼层办理入住

3. 商务楼层的早餐和下午茶的供应方式是（　　）。

A. 由餐饮部送餐员送至客人房间
B. 由餐饮部送餐员送至商务楼层的餐厅
C. 由商务楼层员工准备并送至客人房间
D. 由商务楼层员工准备并送至商务楼层的餐厅

4. 下列选项中，属于商务楼层免费服务项目的是（　　）。

A. 下午茶服务　　B. 洗衣服务　　C. 会议服务　　D. 接机服务

三、判断题

1. 商务楼层的客人与其他楼层一样，必须在前台接待处办理登记手续。（　　）

2. 商务楼层是专门为 VIP 客人提供服务的楼层，普通客人是不可以进入的。（　　）

3. 商务楼层相当于大饭店中的一个小饭店。（　　）

四、简答题

1. 商务楼层的特点有哪些？

2. 商务楼层客人的入住接待程序是什么？

第四节　客房推销

一、名词解释

1. “冲击式”报价

2. “鱼尾式”报价

3. “夹心式”报价

二、填空题

1. 推销客房时要突出客房产品的__________而不是价格。

2. ________客人喜欢安静、光线明亮的客房，最好房内有所需的办公设备。

3. ________客人比较在乎房价，希望客房景色优美、干净卫生。

4. ____________希望客房安静，不受干扰，房间气氛温馨，最好是有一张大床的双人房。

5. ____________报价，可以最大限度地提高饭店的利润率和饭店的经济效益。

三、选择题

1. 办理散客入住登记向其推销房间时，正确的顺序是（　　）。

A. 总统套间、豪华套间、标准间

B. 标准间、豪华套间、总统套间

C. 豪华套间、豪华单间、标准间

D. 总统套间、豪华套间、豪华单间

2. 前厅部接待员在销售客房时，重点向客人讲解的内容应该是（　　）。

A. 客房的价格　　　　　　　　B. 客房的特点

C. 客房的等级　　　　　　　　D. 客房的种类

3. 在推销豪华间时，下列语句中最适合的是（　　）。

A. 我们的豪华间内有一张很大很大的床

B. 我们的豪华间内有一张很舒服的大床

C. 我们的豪华间内有一张两米乘两米的大床

D. 我们的豪华间内有一张口碑很好的大床

4. “冲击式”报价更适合于（　　）。

A. 特价房　　B. 普通房　　C. 豪华房　　D. 总统套房

四、判断题

1. 推销客房的过程中介绍的重点在于客房价格及其优惠政策。（　　）

2. 推销客房通常是前厅接待员和客房销售员的工作内容。（　　）

3. “正面介绍”是指在推销客房过程中，接待人员要着重介绍各类型客房的特点和优势给客人带来的方便和好处，以及其与众不同之处。（　　）

4. 前台接待员在接待客人时，首先要确定一个客人可接受的价格范围（根据客人身份、来访目的等特点来判断），在这个范围内，从低到高报价。（　　）

五、简答题

1. 客房推销的技巧有哪些？

2. 客房推销时应掌握饭店的哪些基本情况？

第五节　房态控制

一、名词解释

1. 空房

2. 住客房

3. 双锁房

二、填空题

1. 客房的基本状况通常分为____________、____________和____________三大类型。

2. ________________是一种内部掌握的客房。对于一些大型团体客人、指定房间的预订客人、重要客人，饭店要提前为他们预留所需房间。

3. ______________是指客房的请勿打扰灯亮着，或客房门把手上挂着请勿打扰牌，服务员不能进入客房提供服务。

4. ____________________是前台系统的核心组成部分，它是专门用来记录所有客房的住宿情况，包括住客房、走客房、待修房和空房等。

5. 系统可以生成诸多有助于经营管理的报告，例如：预计抵达和离店报告、____________、客房服务员分配报告、________________、客房生产力报告。

6. 前台对房态控制的工作主要有完成状态显示、______________和______________三大功能。

三、选择题

1. 下列表明房态的专业用语中，错误的是（　　）。

A. 经济间　　B. 空房　　C. 住客房　　D. 维修房

2. 下列不属于显示客房状况的方式的是（　　）。

A. 客房状况架　　B. 信号灯显示系统

C. 电脑显示及控制系统　　D. 互联网显示

3. 当前台为客人办理完结账离店手续后，系统中房态的改变是（　　），提醒客房部尽快组织清扫，以加快客房的使用周转率。

A. 由“住客房”变成“走客房”　　B. 由“走客房”变成“净空房”

C. 由“住客房”变成“双锁房”　　D. 由“住客房”变成“净空房”

四、判断题

1. 住客房、走客房、空房、豪华房都能表明房态。 （ ）

2. 客房状况显示可以使管理人员从中及时分析原因，进行价格调整或公关促销等。 （ ）

3. 客房状况显示可以使客人准确掌握饭店信息。 （ ）

五、简答题

1. 客房状态显示的种类有哪些？

2. 空房的房态还可以细分为哪些种类？

第四章　前厅服务

第一节　礼宾服务

一、填空题

1. 散客行李工作流程中，客人入店，将客人引至前台，帮助客人搬运所带的行李，搬运时必须十分小心，不可损坏行李；贵重物品及__________要让客人自己拿。

2. 当团队行李到店时，由领班与送行李者一起清点行李件数，检查是否有破损情况，而后填写“__________”。若有破损，应加以注明，最后请团队负责人签字。

3. 行李员将行李运进行李房，摆放整齐，吊挂__________，最好用行李网罩将行李罩好。

4. 行李领取工作要求中，客人领取行李时，行李员要当面将行李件数点清，再交给客人，同时把__________的上、下联订在一起存档。

5. 客人办理住店登记手续时，行李员应该携行李站在客人身后__________米处等候客人。

6. 在团队换房行李服务程序中，行李领班接到前台换房通知后，安排行李员至前台领取“__________”、新房间的__________。

7. 饭店受理的留言通常有两种：一是__________；二是__________。

二、选择题

1. 客人步行到店时，下列迎宾服务错误的是（　　）。

   A. 迎宾员应向客人点头致意，并致欢迎词“欢迎光临本饭店”，同时用手指示意客人进入大厅

   B. 行李员（门童）为客人拉开饭店正门

   C. 如果客人携带行李，行李员应主动帮助客人提取行李

   D. 迎宾服务时有朝气、有微笑、有礼貌地问候每一位客人

2. 客人车辆抵店，下列迎宾服务错误的是（　　）。

   A. 迎宾员要把车辆引导到客人容易下车的地方，一般是正门前的台阶下方

   B. 汽车停稳后，门童应打开车门，如果客人乘的是出租车，应等客人付费完毕后，再把车门打开，然后热情地向客人致意问候

   C. 对常客应努力记住客人姓名，以示尊重，开门时，要用右手打开车门成 70 度左右，左手挡住车门上沿，为客人护顶，防止客人碰伤头部，开车门时注意总是先打开后座

D. 如果客人行动不便，迎宾员应予以帮助，必要时提醒他们注意台阶

3. （　　）不是门童的主要岗位职责。

A. 迎宾

B. 指挥门前交通

C. 搬运行李

D. 做好门前保安工作

4. 客人离店时，门童的哪项操作是错误的？（　　）

A. 客人离店，门童应主动上前向客人打招呼并代为客人叫车

B. 如客人有行李，门童应主动帮客人将行李放上车并与客人核实行李件数

C. 车辆即将开动，门童躬身立正，站在车的斜前方 3 米远的位置，上身正直，双眼注视客人，举手致意，微笑道别

D. 待客人坐好后，为客人关上车门，但不可用力过猛，不可夹住客人手脚

5. 下列行李寄存工作要求中，哪项是错误的？（　　）

A. 客人要求寄存行李时，要先问清客人的身份。须是本店客人，才予以寄存

B. 请客人填写“寄存卡”并签名。将“寄存卡”上联交给客人，下联系在行李上

C. 检查行李看其是否上锁，只要是客人的行李都允许寄存

D. 将行李有序地摆放

6. 下列行李服务工作要求中，哪项是正确的？（　　）

A. 电梯到达目的楼层后，行李员先出电梯，等客人走出后，走在客人左前方引路

B. 到达房间后，将行李置于门旁，打开房门

C. 开门后，首先自己进房，然后接通房间的总电源

D. 进房以后，将大件行李放在行李架上（行李架上行李不能重叠）或按客人要求放置，外套挂入衣柜

7. 下列有关行李车的使用，错误的是（　　）。

A. 行李员使用行李车时必须佩戴手套，以免使用过行李车后在其表面留下印迹

B. 为提高行李运输速度，可以在一部车上重叠堆放多件行李

C. 注意行李车的保养及清洁，保持其外表雅观。在值夜班时，要给行李车的转动摩擦部位加润滑剂，以免运载行李时发出声响

D. 当行李车不用时，应在指示的地方排列整齐，切勿乱放，以免影响饭店的形象

8. 行李房寄存的行李包括（　　）。

A. 衣物　　B. 现金　　C. 宠物　　D. 易燃品

三、判断题

1. 迎送人员必须准确掌握客人乘坐的飞机、火车、船舶抵达的时间。（　　）

2. 对提前预订远道而来的客人，应主动到车站、码头、机场迎接。一般要在班机、火车、轮船到达前 1 小时赶到。（　　）

3. 客人到店时，接待人员要笑脸相迎，先主宾后随员、先男宾后女宾的顺序欢迎问候。（　　）

4. 当访客前来问讯处咨询其认识的住店客人相关信息时，问讯员应如实告之。（　　）

四、简答题

行李员送客人进房时，房间尚未整理或有行李，行李员该怎么办？

五、案例题

某天，广州一家三星级饭店大堂内，812 房间的谢先生在前台办理退房手续。管家部报房下来说："812 房内的电视机遥控器不见了。"收银员小王面带笑容婉转地问客人："您好，谢先生，请问您看到电视机的遥控器了吗?""有啊，昨晚我还用过呢。"谢先生答道。"请问你用过之后放在那里了呢?""这我就不记得了，不过，总在房间的。""可是现在找不到了……""那是你们的事。""我们客房中心已经找遍了每个角落，房间里确实没有，您看您是否能检查一下您的行李，有没有在里面?"谢先生一听这话就生气了，"你的意思是我偷了这个遥控器？我要遥控器干吗？好！你们查!"谢先生说着"哗"地一下拉开了自己的行李箱，里面的东西掉出来一大半，在谢先生旁边玩耍的儿子也被吓得大哭起来。小王被这突如其来的动作吓蒙了，他不知道自己的哪一句话惹恼了客人。这时，大堂副理闻讯赶来。

问题：

如果你是大堂副理，你应如何处理此状况？

第二节　金钥匙服务

一、填空题

1. 金钥匙是一种“__________”的服务概念。

2. 饭店金钥匙通常身着__________，上面别着__________形金钥匙，这是委托代办的国际组织——“国际饭店金钥匙组织联合会”会员的标志。

3. 金钥匙通常是饭店__________主管。

4. 按照中国饭店金钥匙组织会员入会考核标准，申请者必须掌握本市高、中、低档的餐厅各__________个，娱乐场所、酒吧__________个（小城市 3 个）。

二、选择题

1. 我国金钥匙的服务项目一般不包括（　　）。

A. 接送服务　　B. 订餐服务　　C. 快递服务　　D. 结账服务

2. 国际金钥匙组织成立于（　　）年。

A. 1950　　B. 1952　　C. 1980　　D. 1982

3. 第一届国际金钥匙组织会议在（　　）举行，在此会议上正式成立了国际金钥匙组织。

A. 法国戛纳　　B. 法国巴黎　　C. 英国伦敦　　D. 美国纽约

4. 中国的金钥匙成员最早出现在（　　）。

A. 白天鹅宾馆　　B. 中国大饭店　　C. 金陵饭店　　D. 华天酒店

三、判断题

1. 金钥匙的业务范围包括能帮助客人修补物品，包括手表、眼镜、小电器、行李箱、鞋等，掌握这些维修处的地点和服务时间。（　　）

2. 金钥匙是国际五星级饭店对大堂副理特有的称谓。（　　）

3. 金钥匙是高星级饭店的一个前厅部岗位。（　　）

4. 金钥匙是行业内对金钥匙组织成员的特有称谓。（　　）

四、简答题

金钥匙的业务知识技能要求有哪些？

第三节 总机服务

一、填空题

1. 总机服务人员必须在总机铃响________声之内应答电话。

2. 在提供叫醒服务时，总机服务人员一旦发现有异常情况，要及时通知__________，并准确记录在交接班本上。

二、选择题

1. 电话转接过程中，如果对方无人接听，总机服务人员正确的处理方式是（　　）。

A. 告知来电客人电话无人接听

B. 告诉来电客人要找的人在何处及其手机号码

C. 留下来电客人的号码，待要找的人回来时及时回话

D. 告知来电客人电话无人接听，询问其是否需要留言

2. 总机服务人员如果接到火警电话，以下处理方式错误的是（　　）。

A. 马上拨打 119

B. 弄清火灾发生的地点及火情

C. 立即通知总经理及主管经理，并说明有关情况

D. 通知工程部、保安部、医务室等有关部门及火灾区域部门管理者立即赶到火灾发生地点

3. 总机服务人员接听外线电话时，正确的接听方式是（　　）。

A. 您好，总机　　B. 您好，饭店总机

C. 您好，××饭店　　D. 您好，××总机服务人员

4. 客人结账后想在房间内打外线电话，正确的处理方式是（　　）。

A. 委婉拒绝　　B. 请客人重新开房

C. 上报总管，获批后开通外线　　D. 另收押金

三、判断题

1. 为了能迅速、高效地转接电话，总机服务人员必须熟悉本饭店的组织结构，各部门的职责范围、服务项目及电话号码，掌握最新的、正确的住客资料。（　　）

2. 如果有来电询问住店客人的基本情况，总机服务人员要快速、准确地将情况告之。（　　）

3. 如果总机服务人员遇到重大紧急事项，如火警、刑事案件、盗案等，应马上报警，等待警方上门处理。（　　）

4. 总机服务人员应能够辨别主要管理人员的声音，接到他们的来电后，总机服务人员须给予恰当的尊称。（　　）

四、简答题

1. 总机服务人员接听电话时，有哪些基本要求？

2. 在总机服务中，如何避免叫醒失误及降低失误率？

第四节　商务中心服务

一、填空题

1. 商务中心在提供复印服务时，应按客人的需求，选择________、______及深浅程度。
2. 接客人待发的传真、电传件时，需看清要求和____________及________。
3. 随着信息技术的飞速发展，商务中心的职能逐渐从商务服务的主要场所转向____________。

二、选择题

1. 下列选项中，属于商务中心服务项目的是（　　）。
   A. 叫醒服务　　B. 处理投诉　　C. VIP 接待　　D. 机票预订
2. 下列选项中，不属于商务中心服务项目的是（　　）。
   A. 会议室布置服务　　B. 翻译服务
   C. 传真服务　　D. 国际长途电话服务
3. 下列选项中，不属于商务中心打印服务标准的是（　　）。
   A. 打印服务是向住店客人免费提供的
   B. 每个文件都要询问客人是否存盘及保留时间，如不要求保留，则删除
   C. 文件打出后，必须请客人校对

D. 了解客人要求及特殊格式的安排

三、判断题

1. 商务中心是饭店设置在商务楼层的部门。 （　　）

2. 商务中心的服务项目是只提供给住店客人的，不对外营业。 （　　）

3. 打印服务是必须要客人进行核对的，所以要求客人在场才可以提供服务。 （　　）

4. 提供复印服务时，如果需要放大或缩小，应按比例调整好尺寸，请客人查看第一张复印效果，如无问题，即可连续复印。 （　　）

四、简答题

1. 客人有急事外出，将要发的传真留在商务中心委托商务中心人员代发，商务中心人员应如何处理？

2. 简述商务中心职能的发展趋势。

五、案例题

一天早上，南京一家饭店的商务中心刚刚开始工作，一位住店客人满面怒容地走进商务中心，“啪”的一声将一卷纸甩在桌子上，嚷道：“我昨天请你们发往美国的传真，对方为什么没有收到？”

接待客人的是上早班的宋小姐。面对怒气冲冲的客人，她从容不迫，态度平静，首先迅速仔细地审核了给客人发传真的回执单，所有项目显示传真已顺利发到美国了。凭着多年的工作经验，她知道，如果客人的传真对方没有收到，责任不在我店。怎么办呢？当面指责客人？不能！因为客人发现对方没有收到传真来提批评意见，也在情理之中。宋小姐脑子飞快地转动，很快“灵机一动，计上心来”。

只见她诚恳地对客人说：“先生，您息怒。让我们一起来查查原因。就从这台传真机查起吧。”客人欣然表示同意。宋小姐仔细地向客人解说了这台传真机自动作业的程序，并当场在两部号码不同的传真机上作示范，准确无误地将客人的传真从一台传到另一台上，证明饭店的传真机没有问题。客人比较了两张传真，面色有所缓和，但仍然心存疑虑道：“不过，我的那份传真对方确实没有收到呀！”为了彻底消除客人的疑虑，宋小姐主动建议：“先生，给美国的传真再发一次，发完后立刻挂长途证实结果，如果确实没有发到，传真、长途均免费，您说好吗?”客人点头同意了。传真发完后，宋小姐立刻为客人接通了美国长途，从客人脸上露出的笑意可以知道：传真收到了！

客人挂完电话，面带愧色地对宋小姐说：“小姐，我很抱歉，刚才错怪了你，请你原谅。谢谢你！谢谢你！”宋小姐面带微笑地答道：“没关系，先生，这是我们应该做的。”最后，客人愉快地付了重发的费用，满意而去。

问题：

请分析在此案例中，商务中心的宋小姐是如何面对突发事件，如何解决的？

第五章 收银结账服务

第一节 前台收银业务

一、填空题

1. 收银结账业务要做到既准确又迅速，一般要求在________分钟内完成。

2. 饭店为散客设立个人账户，为团体客人设立__________。如果团体客人中有超出综合服务费标准限度的其他消费时，则应________________。

3. 为客人建立账户后，即开始记录客人住店期间的一切费用，客人的房租采取______的方法结算。

4. 前台收银业务由前台收银员办理，内容包括开立住客账户、______、抛账、分账、劈账和__________等工作。

二、选择题

1. 下列选项中，不属于饭店的客账账户类型的是（　　）。

A. 个人账户　　B. 团队账户　　C. 应收账户　　D. 非住客账户

2. 通常，客账账户包括八个要素，分别是客人姓名（团队姓名）、房间号码、房间单价、用房间数、住店日期、离店日期、住店人数和（　　）。

A. 结账方式　　B. 证件号码　　C. 联系方式　　D. 客人留言

三、判断题

1. 收银组是前厅部的一个班组，收银组的员工通常属于前厅部。（　　）

2. 收银处要负责办理散客及团队客人的离店结账手续，结账过程中收银员要与客房部沟通协调，了解客人在住店期间的消费情况。（　　）

3. 客人除房租以外，其他各项费用如洗衣、餐饮、传真等项目，除客人愿在消费时以现金结算外，均可由客人签字后由各有关部门将其转入前厅收银处，记入客人的账户。（　　）

四、简答题

简述前台账务处理的要求。

第二节　离店结账服务

一、填空题

1. 团队结账前____小时做好结账准备，提前将团队客人每天的房租、餐费等账目逐一核对，结出总账和分类账。

2. 结账时间一般为__________________。

3. 客人离店要求结账时，主动迎接客人，表示问候，问清客人姓名、房号，找出客账，并重复客人的姓名，以防拿错，同时收回________________。

4. 根据客人的不同付款方式进行结账。客人付款方式通常有：________________、________________、信用卡、________________、客人间代付账款等。

5. 在账单上打下“PAID”印记，使账单的余额变成零，然后将一联交给客人作为收据，另一联转送________________，将金额填入“________________”。

6. 超过退房时间，应加收房费，____点以后结账的，则可加收全天房费。

7. 18：00 后入住至第二天 12：00 至 18：00 之间退房，增收 ________。

8. 超过中午 12：00 办理退房手续时限 3 小时，加收一天房费的 ____________。

二、选择题

1. 收银员检查客人的信用卡安全性不包括（　　）。

A. 辨别信用卡的真伪

B. 检查信用卡的有效日期及适用范围

C. 检查信用卡号码是否在被取消名单之列

D. 请客人出示有效证件

2. 当住店客人的欠款不断增加时，服务员通常应采取的措施是（　　）。

A. 用电话或印备的通知书通知其前来付账

B. 当面向客人提出付账要求

C. 由大堂副理亲自催促客人付账

D. 顺其自然，过一阵子客人会主动付账的

3. 客人结账后，没有交回房间钥匙时，处理这种情况的程序不正确的是（　　）。

A. 如果客人结账后返回房间正在等待集合或车辆，饭店可以马上回房间找回钥匙

B. 如果客人已经结账离店，首先马上通知客房部检查客房，以免客人将钥匙留在客房内

C. 如果客人已经把钥匙带走，这时，饭店应派人去机场或车站追回钥匙

D. 如果未能追回，就无法实施任何处理措施

4. 团队结账的程序包括以下几点：

①有些费用需客人自付的，如洗衣费、长途电话费、房间内的酒水费用等，则由客人用现金支付。

②团队客人（领队或陪同等）前来结账时，主动、热情问好。

③团队结账前半小时做好结账准备，提前将团队客人每天的房租、餐费等账目逐一核对，结出总账和分类账。

④打印团队账单，请客人审核、签字。

正确的处理顺序是（　　）。

A. ①②③④　　B. ④③①②　　C. ③②①④　　D. ③①②④

三、判断题

1. 客人在预付租金和支付房费的时候可以用储蓄卡刷卡消费。（　　）

2. 客人在住店期间所交的押金已经用完，或者客人入住饭店以后迟迟没有决定结账的日期，但是他所欠的饭店账款在不断上升时，为了防止客人逃账或引起其他麻烦，可通知客人结账离店。（　　）

3. 通常情况下，为了避免发生漏收，除了团队客人以外饭店不允许一位客人的账由另一位客人支付。（　　）

四、简答题

当一位客人的账由另一位客人支付时，收银员应该如何处理？

五、案例题

1. 906房间早已过了结账的时间，但906房间的刘先生迟迟不来结账，甚至连电话也不接，可是他在饭店的消费额还在不断上升……

问题：

如果你是饭店收银员，你应该怎么做？

2. 1808房间的王先生来到前台办理退房结账手续，服务员查房后报告说在1808房间的地毯上发现三个焦洞，形状像是客人弹烟灰所致。收银员小张按照饭店规定向王先生提出赔偿要求，每个烟洞赔偿50元，王先生说："凭什么说这是我烫的烟洞？你们这是无理取闹，我拒绝付给你们赔款。"于是在前台大闹起来。

问题：

如果你是收银员小张，你该怎么做？

第三节 夜审

一、填空题

1. 白班收银员忙了一整天，可能会发生错误，到了深夜工作较清闲时，必须有人去进行账目核对，检查账项记录等有无错误或遗漏，这个夜间核账的过程称为________。

2. 饭店商品价格的折扣要有人签名，________%以上折扣要有柜长或经理签名，发票上也要注明并签名。

3. 凡退货减数或按错收款机的减数均要有____________签名，并在售货登记表上注明发票号。

4. 房租折扣要有有关人员的签字认可，免费房必须有__________的批准并签名。

二、选择题

1. 夜审工作人员的岗位职责不包括（　　）。

   A. 核对各收款机清机报告

   B. 负责夜间大堂的清洁工作

   C. 审核当天各班次收银员送审的账单、原始单，核查数据是否准确，并核对该班次营业报表

   D. 核对餐厅、客房的账目及其他挂账数与报表金额是否一致，是否按有关规定或协议执行

2. 张先生结账时，客房服务中心告知收银员小王："张先生的房间少了一条浴巾"，小王如何表达最合适？（　　）

A. “张先生，很抱歉，您的房间少了一条浴巾，请问是您拿了吗？”

B. “张先生，您的房间少了一条浴巾，您拿了吗？”

C. “对不起，丢了一条浴巾，您得赔偿。”

D. “张先生，很抱歉，您的房间里有一条浴巾我们服务员没找到，请问您能帮忙找一下吗？”

3. 核查收款的工作内容不包括（　　）。

A. 前台收款核查　　B. 餐饮收款核查

C. 商场收款核查　　D. 员工收款核查

4. 前厅收银的主要职责不包括（　　）。

A. 外币兑换　　B. 贵重物品寄存

C. 发放客房钥匙　　D. 账务处理

三、判断题

1. 负责总台夜审的工作人员属于财务部而不是前厅部。（　　）

2. 夜审的工作人员其工作内容包括了负责夜间总台的收银工作。（　　）

3. 夜审应打印“折扣明细表”，根据报表逐一核对账架，检查折扣房租的客房是否有批准人签名。（　　）

4. 夜审打印“追租报表”，留意“追租报表”中欠款数不够支付本日租金的客房是否有客人、有行李，以免出现逃单。（　　）

四、简答题

1. 夜审工作人员核查餐厅收款报表时的注意事项有哪些？

2. 夜审工作人员核查商场收款报表时的注意事项有哪些？

第四节　外币兑换与贵重物品寄存

一、填空题

1. 饭店应当在前厅处设置有______的客人贵重物品保险箱。

2. 客人如果遗失饭店贵重物品保险箱的钥匙，除赔偿锁匙成本费用外，饭店还可以要求客人承担__________。

3. 在客人亲自将物品放入盒内，盖上盒盖后，收款员将存物盒和已填好的寄存单第一联放入保管箱，锁上箱门，当面向客人确认已锁好，然后取下钥匙，将寄存单第二联和该箱钥匙交给客人保存，总钥匙则由________保管。

4. ________是一种定额支票，亦称汇款凭证，通常由银行、旅行社为方便国内外旅游者而发行。

二、选择题

1. 饭店受（　　）委托，代办外汇兑换业务。

A. 中国人民银行　　B. 中国银行　　C. 中国工商银行　　D. 中国建设银行

2. 在外币兑换服务中，下列做法错误的是（　　）。

A. 问清客人兑换外币的具体要求

B. 清点、查收客人需兑换的外币种类及金额

C. 按饭店制定的汇率兑换外币

D. 填写兑换的单据

3. 在贵重物品寄存服务中，下列做法错误的是（　　）。

A. 主动询问客人要求

B. 取出客用贵重物品寄存单，逐项填写相关内容，请客人签名确认

C. 用钥匙同时打开保管箱，取出存放盒，打开盖子，示意客人可以存放物品，并回避一旁

D. 收款员将存物盒和已填好的寄存单第一联放入保管箱，锁上箱门，钥匙则由总台收银处保管

4. 下列选项中，不属于饭店贵重物品保管规定的是（　　）。

A. 贵重物品不可委托他人取件

B. 保险箱禁止存放易燃易爆物品

C. 客人钥匙如有遗失，需要通过破坏性撬锁打开保险箱，损失由客人照价赔偿

D. 对于保险箱的使用情况，要进行详细的交接班记录

三、判断题

1. 委托他人取件需凭委托人的亲笔委托书及签名、保险箱钥匙、登记卡（客人联）及委托人和被委托人的有效证件方可领取。（　　）

2. 外币兑换员应当具有金融专业的大专以上学历。（　　）

3. 贵重物品寄存服务是专门针对住店客人免费提供的。（　　）

4. 饭店应当对住店客人贵重物品的保管服务作出书面规定，并在客人办理入住登记时予以提示。如果没有提醒造成客人贵重物品灭失的，饭店应当承担赔偿责任。（　　）

四、简答题

1. 简述饭店提供贵重物品寄存服务时，客人要求中途开箱存取物品的处理程序。

2. 简述外币兑换的服务程序。

第六章　前厅部宾客关系管理

第一节　对客服务的沟通技巧

一、填空题

1. 在饭店的宾客关系中，客人与员工扮演着不同的“社会角色”。员工是“______”，而客人则是“____________”。

2. 客人对饭店产品的需求心理包括求尊重心理、求舒适心理、__________和__________心理。

3. 前厅部员工接待过程中要注意三轻，即“__________、__________、__________”，提高工作效率，缩短客人等候的时间，为客人营造一个舒适的饭店环境。

4. 饭店为客人提供“双重服务”，即“____________”和“____________”。

二、选择题

1. 当客人办理入住手续时，房间还正在打扫，下列说法更容易接受的是（　　）。

A. 请您稍等，您的房间现在还是脏房

B. 请您稍等，您的房间还没有打扫好

C. 请您稍等，您的房间马上就收拾好了

D. 请您稍等，您的房间客房服务员正在打扫卫生

2. 当客人向大堂副理投诉说某位员工的服务态度差时，大堂副理应如何回应更合适？（　　）

A. 很抱歉，他应该向您道歉　　B. 很抱歉，我让他向您道歉

C. 很抱歉，我替他向您道歉　　D. 很抱歉，我向您道歉

3. 介绍应遵循一定的顺序，下列顺序错误的是（　　）。

A. 先把上级介绍给下级　　B. 先把年轻的介绍给年长的

C. 先把男性介绍给女性　　D. 先将客人介绍给主人

三、判断题

1. 所谓“服务”指为他人做事，并使他人从中受益的一种有偿或无偿的活动，服务不以实物形式而以提供劳动的形式满足他人任何需要。（　　）

2. 将“反”话“正”说，就是要讲究语言艺术，特别是掌握说“不”的艺术，要尽可能用“肯定”的语气去表示“否定”的意思。比如，用“您可以到那边去吸烟”代替“您不能在这里吸烟”。（　　）

3. 如果有一些客人成为服务员的朋友了，那么服务员见面的问候可以采用更随意的语气，比如“哇！是你呀!”，服务的模式也可由“格式”化变成“朋友”化。（ ）

4. “求补偿”就是要在日常生活之外的生活中求得他们在日常生活中未能得到的满足，即更多的新鲜感、更多的亲切感和更多的自豪感。（ ）

四、简答题

1. 饭店员工作为“服务者”，应明确自己的角色。正确认识客人的角色具体表现在哪些方面？

2. 前厅部员工在与客人沟通时要注意哪些沟通技巧？

第二节　客人投诉处理

一、名词解释

1. 控告性投诉

2. 批评性投诉

二、填空题

1. 引起客人投诉的常见原因主要有__________和__________两个方面，其中__________指由饭店环境设施问题、管理制度问题引起的客人投诉。

2. 处理客人投诉时要掌握的两个最值是“________________”“________________”。

3. 客人投诉的类型包括__________、__________和建议性投诉。

三、选择题

1. 工作岗位设在饭店大厅，直接面向广大客人，是饭店与客人之间密切联系的纽带，协调饭店各部门的工作，代表饭店处理日常发生的事件，帮助客人排忧解难，并监督问题的处理。这个岗位是（　　）。

A. 金钥匙　　B. 总台接待员　　C. 问讯主管　　D. 大堂副理

2. 因客人等上菜的时间太长而引发的投诉属于（　　）。

A. 对设备的投诉　　B. 对服务质量的投诉

C. 对服务态度的投诉　　D. 对异常事件的投诉

3. 在处理客人的疑难投诉时，下列做法错误的是（　　）。

A. 注意倾听，记录要点

B. 可先与相关责任部门的负责人取得联系，及时沟通情况

C. 对于客人所说的不符合事实之处要及时辩解，分清责任

D. 可以与客人商定解决问题的应急措施

4. 客人保证类订房未得到实现的投诉属于（　　）。

A. 对设备设施的投诉　　B. 对服务质量的投诉

C. 对服务态度的投诉　　D. 对异常事件的投诉

四、判断题

1. 客人如果对服务态度有投诉，大堂副理应马上要求员工对客人道歉。（　　）

2. 绝大部分客人投诉的目的是为了获取赔偿或折扣。（　　）

3. 门童的工作任务包括迎送客人、分发报刊、处理日常投诉等。（　　）

4. 通过客人的投诉，饭店了解到客人的不满意，使不满意的客人变成满意的客人，消除了客人对饭店的不良印象，所以饭店应该重视和欢迎来投诉的客人。（　　）

五、简答题

1. 处理客人投诉的要点是什么？

2. 处理客人投诉的一般程序是什么？

六、案例题

1. 深夜一点，有一位女士来电要求转3115房间。话务员立即将电话直接转入了3115房间。第二天早晨，大堂副理接到3115房间孙小姐的投诉电话，说昨晚的来电不是找她的，她的正常休息因此受到了干扰，希望饭店对此作出解释。大堂副理经调查，了解到该电话要找的是前一位住3115房的客人刘先生，他已于昨晚9点退房离店了。孙小姐是快12点时才入住的，她刚洗完澡睡下不久，就被电话吵醒了。谁知一波未平，一波又起。原住3115房的刘先生紧接着也打来了投诉电话，说昨晚他太太打电话来找他，由于话务员不分青红皂白就将电话接了进去，接电话的又是一位小姐，引起了太太的误会，导致太太跟他翻脸了。刘先生向大堂副理说此事破坏了他们的夫妻感情，希望饭店可以给他一个圆满的答复，否则今后他公司的人都不再入住此饭店。

问题：

请问大堂副理该怎么办？

2. 一天一位香港客人来到前台办理入住登记，负责接待的员工照例向客人询问所需要的房间类型，但因客人不懂普通话，而该员工粤语水平又欠佳，在尝试用蹩脚的粤语向客人解释客人仍听不懂后，乘客人转身拿回乡证时，该员工向精通粤语的行李员求救，请他们帮忙解释。该员工把要向客人说明的事情告诉行李员，然后由他转讲给客人听，该员工的本意是想减少由于沟通困难产生的尴尬，并节省时间，但没顾及此举动让客人觉得不被尊重。由于不熟练粤语又不大明白客人的心理，该员工遭到客人投诉。

问题：

分析投诉产生的原因和作为酒店服务人员应该注意的事项。

3. 一日上午，秋久先生来到某饭店前台，前台接待员小刘接待了秋久先生。秋久先生表示周日想到青岛会朋友，不回来住，但想将行李放在房间。询问小刘是否可以免收周日的房费，小刘认为秋久先生是饭店的常客，便答应了。但当时只有小刘和客人在，故两人协商内容其他人员不得而知。月末，秋久先生结账看账单时大怒，携翻译至大堂副理处投诉。秋久先生说："××日上午，我到前台，找的那个高个子大眼睛的女孩（正是小刘的外貌特征）说过此事。她答应我周日外出可以把行李放在房间内，但这天的房费是不收的。可我今天结账，却发现收了我那天的房费！你们酒店太不讲信用了！"

大堂副理就此事展开调查。问询前台接待员小刘，小刘说："当日客人确实到过前台，说过他要外宿的事情，因为觉得对方公司是我们饭店的重要客户，就答应了他的要求。而且告诉他，外宿时可以将行李存礼宾处，我们将给他保留房间，等他周一回来时还可以住在相同的房间。客人当时听了还很高兴，还以为客人已经明白她说的意思，虽然觉得有点奇怪，但也没深问。"由于秋久先生认为饭店已经答应他行李可放在房间且不收当日房费，就开开心心地到青岛去玩了。而饭店因房间内有行李，客人又是长住客，就很自然的加了一夜的房费。投诉的原因来自客人和接待员之间的误会。因为这次误会，致使饭店投入了大量的人力、物力、财力才拉回了这个客户，平息了风波。

问题：

请分析此事件产生的原因，及其对饭店服务人员有哪些启示？

第三节　客史档案的建立与管理

一、名词解释

1. 客史档案

2. 消费档案

二、填空题

1. 建立客史档案对提高饭店服务质量，________________具有重要意义。

2. ________、_________是客史档案中最重要的内容，包括客人旅行的目的、爱好、生活习惯，宗教信仰和禁忌，住店期间要求的额外服务等。了解这些资料有助于为客人提供有针对性的“_________”服务。

3. _________包括客人在住店期间的意见、建议，表扬和赞誉，投诉及处理结果等。

4. 客史档案的建立必须得到饭店管理人员的重要支持，并将其纳入有关部门和人员的岗位职责之中，使之_________、_________和_________。

三、选择题

1. 使用计算机建立、管理客史档案的主要功能不包括（　　）。

A. 客人信誉级别提示　　B. 客史档案分类统计

C. 客史档案的及时更新　　D. 删除客史档案资料

2. 下列有关客史档案的作用，表述不恰当的是（　　）。

A. 有助于建立良好的宾客关系　　B. 有助于有针对性地开展服务

C. 表明饭店的各类客房的租用情况　　D. 为饭店提供更多营销依据

3. 客史档案的内容不包括（　　）。

A. 地址　　B. 单位　　C. 年收入　　D. 消费金额

4. 客史档案中的预订档案内容不包括（　　）。

A. 预订房型统计　　B. 预订时间　　C. 预订渠道　　D. 预订取消频率

四、判断题

1. 建立客史档案是饭店针对老客户提供的特色服务模式，一般不针对新客户建立客史档案。（　　）

2. 饭店只针对 VIP 客人建立客史档案，以便提供有针对性的贵宾服务。（　　）

3. 常规档案包括客人姓名、性别、年龄、出生日期、婚姻状况以及通信地址、电话号

码、公司名称、头衔等。 （ ）

五、简答题

1. 建立客史档案的意义是什么？

2. 客史档案可分为哪几种类型？每种类型包括哪些内容？

3. 建立客户档案的时候，服务员的具体工作流程是什么？

第七章　前厅部信息管理

第一节　前厅部与其他部门的信息沟通

一、填空题

1. 饭店营销部对长时期的、整体的销售，尤其是__________的客房销售负责；而前厅部则对__________，尤其是当天的客房销售负责。

2. 前厅部向__________了解团队/会议活动的日程安排情况等，以便解答客人的询问及提供所需的服务。

3. 前厅部与客房部间的沟通协调，以__________形式将客情信息通报客房部（或客房中心）。

4. 为确保客房收入的及时回收，前厅部应搞好与__________，包括前厅收银处之间的沟通协调。

5. 前厅部递交已抵店散客的__________、登记表及压印好的信用卡签购单（客人以信用卡支付的）。

二、判断题

1. 前厅部应以书面形式通知客房部预订客人的用餐特殊要求及房内布置要求（鲜花、水果篮等）。（　　）

2. 团队的入住接待手续由销售部办理。（　　）

3. 客房部应及时将走客房内所发现的客人遗留物品情况通知前厅部。（　　）

4. 前厅部应及时将饭店免费、折扣、定金、预付款、客房信用政策、客房销售政策呈报给总经理办公室申请批准。（　　）

三、简答题

前厅部与其他部门的沟通协调有哪些主要渠道？

四、案例题

镜头一：某大学孙教授打长途电话给某市饭店，告知他同意邀请，明天飞抵该市前来为饭店讲课，并请届时到机场接一下。该饭店秘书齐小姐接了电话，并答应了孙教授的要求。但第二天，当孙教授走出机场时，左右环顾，无人接站，静等了十几分钟，仍无人前来。孙教授只能自己打车去饭店。孙教授前往前台登记，问起前台是否知道他来店，前厅经理说知道，已安排好了。孙教授问："怎么没来接站?"前厅经理"哦"了一声，连忙道歉说"忘了……事情是这样的，齐秘书打电话给我，叫我安排您食宿，并告知我转告车队派车去接您。当时前台客人很多，我匆匆安排了您的住房后，订车的事忘记转告了。"

镜头二：餐厅预订部接到客人来电，要预订四天以后的酒席 3 桌，标准是每桌 1 000 元。四天以后客人来到餐厅，迎宾小姐上前询问，客人说酒席已经预订了，可迎宾小组查看记录发现没有就赶快把餐厅经理叫来核对，才发现接听电话的接待员把"四天后"听成了"十天后"。客人愤愤离去，说再也不上这家饭店吃饭了。

镜头三：一旅游团队因气候原因，原定明天的飞机改为火车，并提早出发。领队和饭店销售人员说明情况，要求将原计划的早餐改为盒饭带上路。第二天清晨，领队去取盒饭，餐厅说不知道，根本没准备，把值夜班的餐厅经理找来，他说："有这么回事，但销售部通知我是明天午餐带盒饭。"客人不满地赶火车去了。事后，公关部经理与餐饮部经理为电话中到底说是"早餐"还是"午餐"争得面红耳赤。

问题：

分析案例产生的原因和解决办法。

第二节 前厅部信息管理系统

一、填空题

1. PMS（Property Management System，饭店前台系统），主要包括客户（资料）管理、客房管理、_________________、___________和接口管理功能。

2. 在国外，_________公司最早使饭店前台业务实现了计算机管理，主要包括了预订、排房、结账、客史资料、餐厅、查询、夜审及市场分析等。

3. ______系统是美国 MICROS 公司在 MICROS—Fidelio 系统的基础上开发的新版本。

4. ___________公司研发了 Foxhis 系统，成为最大的国产饭店信息系统公司。公司于 2006 年 12 月 18 日与 Fidelio 和 OPERA 系统的国内代理商石基公司合并。

二、选择题

1. 以下软件中不属于饭店前台系统 PMS 的是（　　）。

A. Windows XP　　B. 西湖软件
C. Fidelio　　D. 华仪系统

2. 下列选项不属于国产 PMS 系统的是（　　）。

A. FOXHIS 系统　　B. CSHIS 系统
C. 泰能软件　　D. HIS 系统

3. 在饭店信息系统供应商中，中长石基公司的作用是（　　）。

A. OPERA 系统的开发商
B. OPERA 系统的代理商
C. 泰能软件的开发商
D. 西湖软件的开发商

4. 下列选项不属于饭店信息系统的是（　　）。

A. 饭店计算机网络
B. 饭店信息系统操作指南
C. 饭店员工守则
D. PMS 系统

三、判断题

1. 1979 年清华大学教授金国芬为北京前门饭店开发了一个具有查询功能的饭店管理软件，即西湖软件，开创了国内饭店管理的先河。（　　）

2. 在 Sinfonia 系统中房态 Departures Expected 是指预离店房。（　　）

3. 广州万迅电脑软件有限公司是千里马饭店系统的开发商。（　　）

4. 在 Sinfonia 系统中客人档案的 First name 应填客人的姓氏，Last name 应填客人的名字。（　　）

四、简答题

常见的国外 PMS 系统有哪些？